Collection des nouveaux mariés.

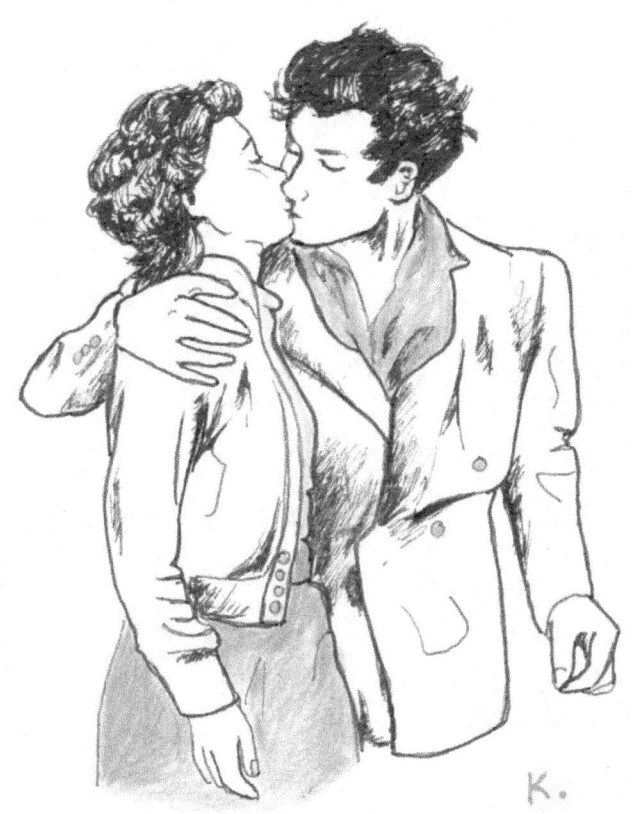

Koganhan

© 2017, Koganhan
Edition : Books on Demand,
12 / 14 rond point des champs Elysées, 75008 Paris
Impression : BoD - Books on Demand Norderstedt, Allemagne
ISBN : 9782322137817
Dépôt légal : mars 2017

A toi Boris, ma force, mon ami, mon amant, mon tout.
Notre amour nous fait déplacer des montagnes.

Un baiser, mais à tout prendre, qu'est-ce ?
Un serment fait d'un peu plus près, une promesse
Plus précise, un aveu qui veut se confirmer,
Un point rose qu'on met sur l'i du verbe aimer;
C'est un secret qui prend la bouche pour oreille,
Un instant d'infini qui fait un bruit d'abeille,
Une communion ayant un goût de fleur,
Une façon d'un peu se respirer le cœur,
Et d'un peu se goûter, au bord des lèvres, l'âme !

Edmond Rostand, *Cyrano de Bergerac.*

Présentations :

Quand vous vous mariez, il n'y a qu'un jour pour le montrer (vestimentairement parlant), ma nouvelle collection permettra aux 'nouveaux mariés' de faire durer le plaisir en l'espace d'une semaine.

C'est simple : une semaine, une collection, pour que le plus beau jour de votre vie s'éternise un peu.
Vous serez de blanc vêtu, certes, mais vos vêtements ne seront ni encombrants, ni trop recherchés, en démocratisant la robe de mariée, je vous proposerai des pièces élégantes et prêtes à porter : ce sera votre Weddy Week !

K.

When you get married, there is only one day to show it – in matter of clothing I mean- my new collection will allow the 'newlyweds' to make the pleasure last for one week.
It is simple: one week (after your wedding), one collection to let the magic goes on.
You will be white clothed, indeed, but your clothes won't be cumbersome, nor too select, for I will make the wedding clothes more accessible.
To do so, I will put forward sophisticated and ready to wear outfits: that will be your Weddy Week!

K.

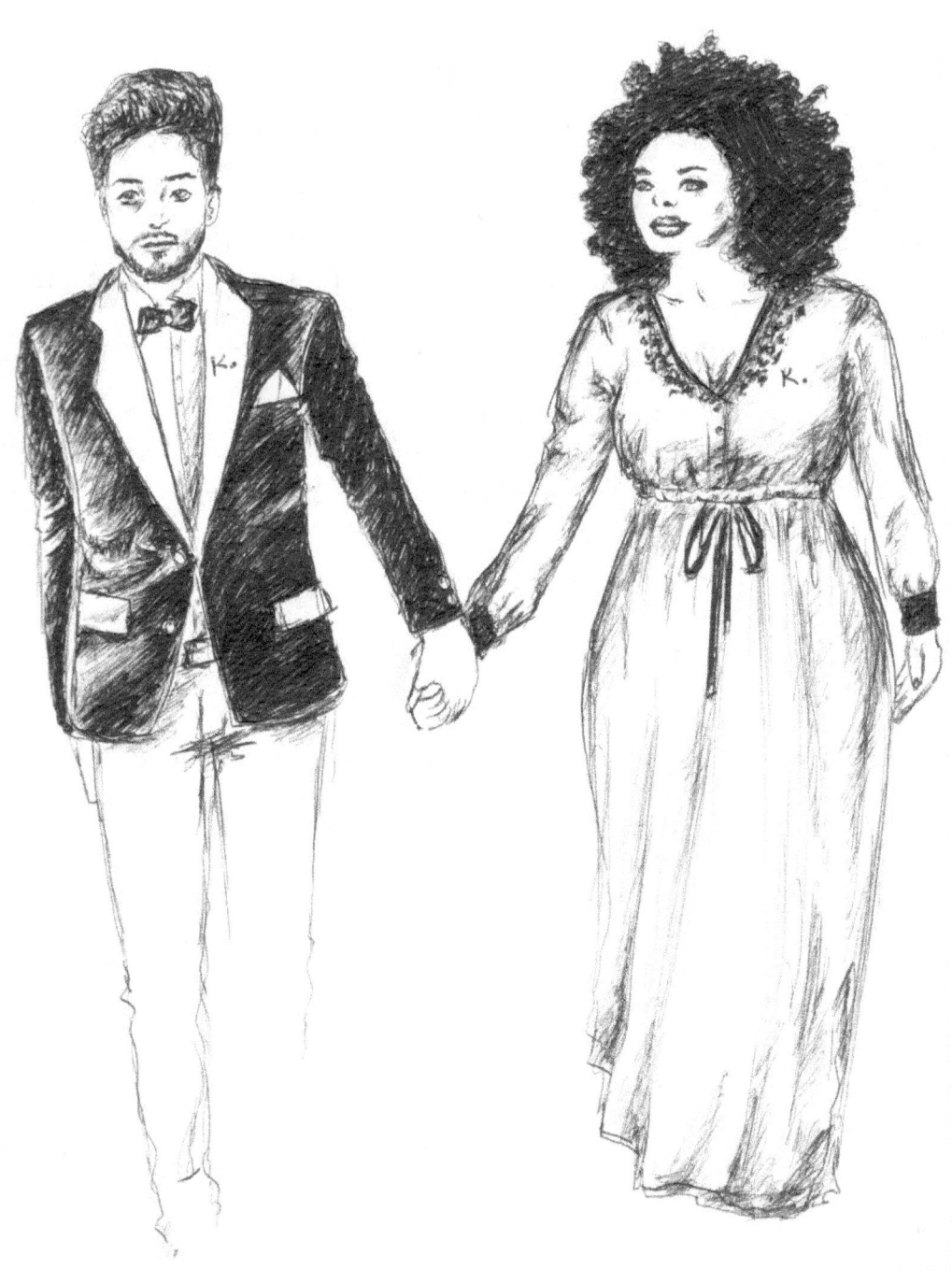

Comme vous pouvez le constater, mes vêtements ne sont pas destinés à ce qu'on appelle les « canons de beauté » de notre époque.
C'est donc naturellement que je propose un ensemble fluide que votre corps voluptueux madame, sculptera.
Je vous tends la toile et vous en faites un chef d'œuvre.

Monsieur à vos côtés sera fier d'afficher aux yeux du monde entier sa récente union avec vous en arborant une délicate veste noire et blanche.

As you may notice, my outfits are not meant for what we can call nowadays 'dream girls'. It is thus naturally that I introduce you a flowing gown, that only your voluptuous body will sculpt.
I provide for the material; you only have to carve it.
Sir in his black and white jacket will be proud to be next to the wife he just married.

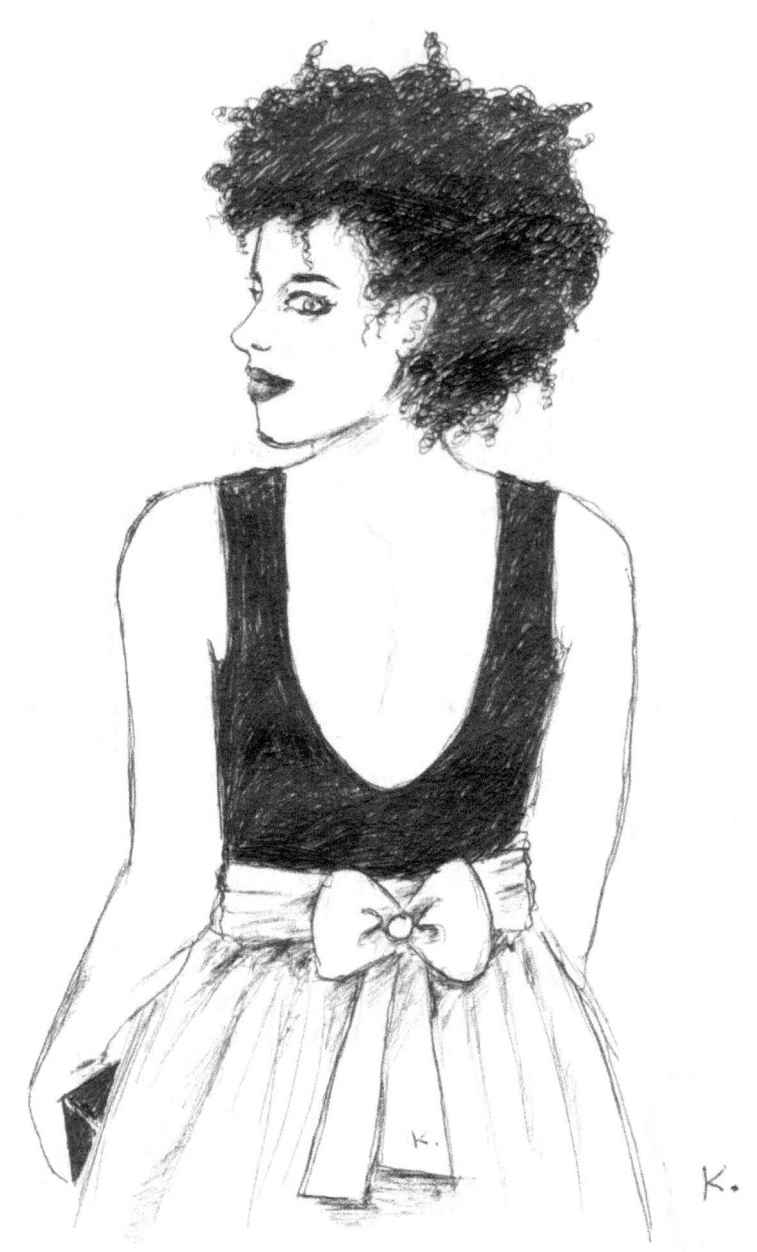

Il y a comme un air de Haute Couture dans l'air...
Cette robe audacieuse et confortable fera de vous une jeune mariée originale.
Dîtes « oui » en toute élégance.

It seems that High Fashion is floating in the air...
This bold and comfortable dress will turn you into a special bride.
Say 'yes' with style.

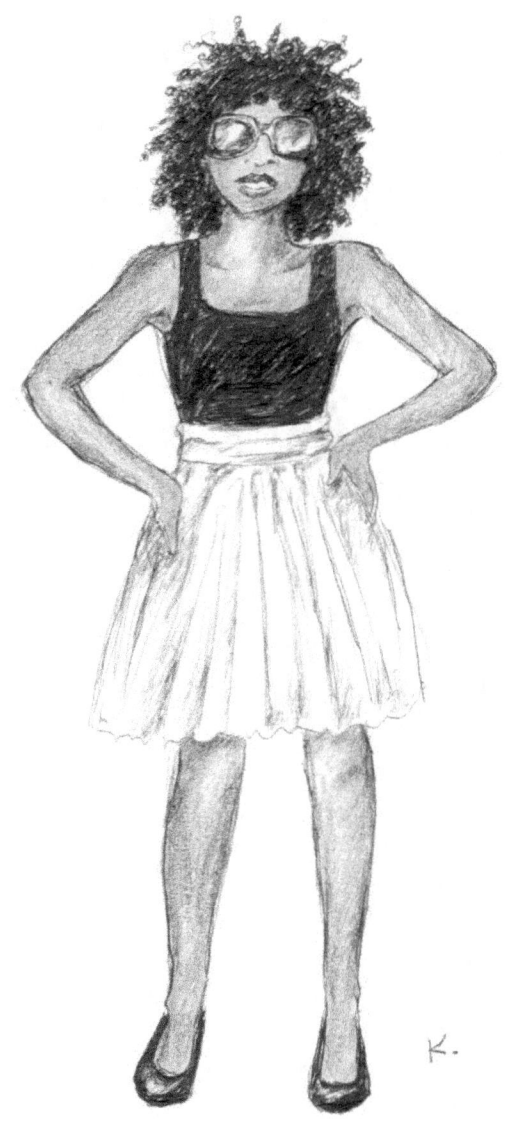

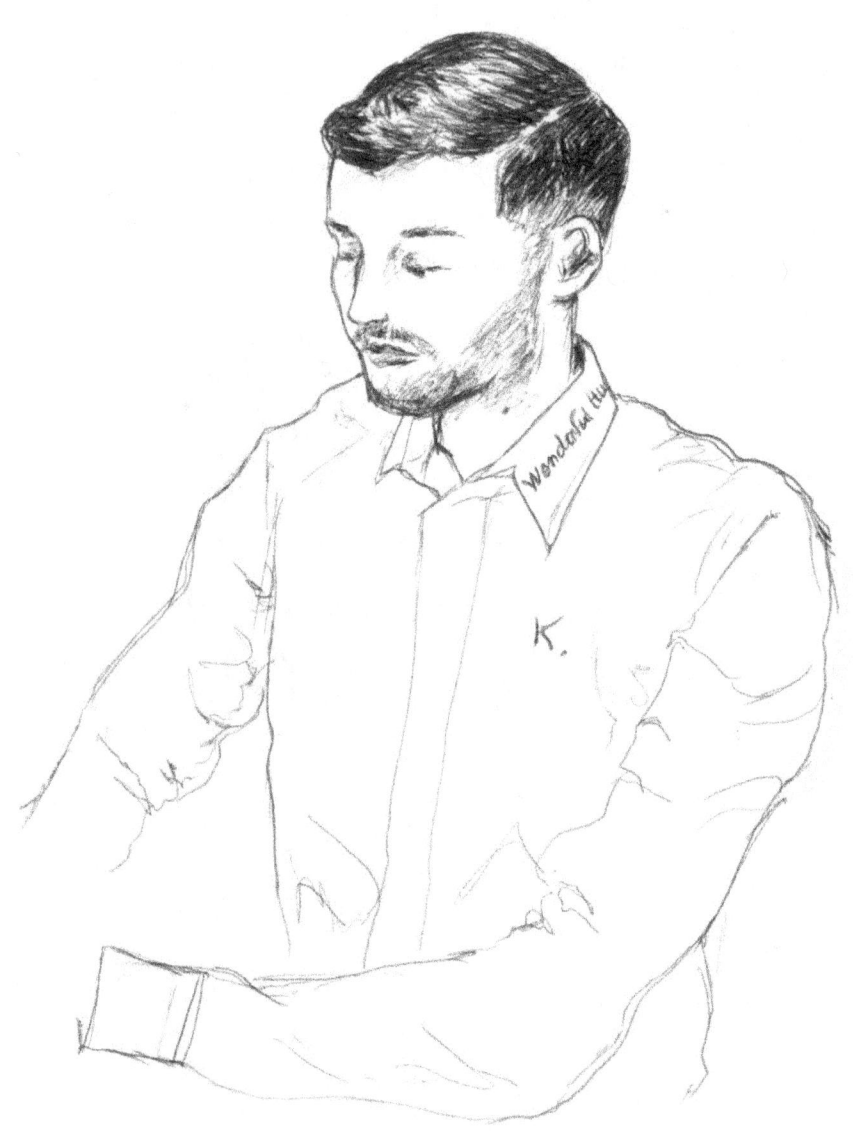

Cher monsieur, votre col donnera envie à votre chère et tendre de croquer votre cou. Qui résisterait à un 'wonderful husband'?

Dear Mr, your collar will entice your dear and loving to crunch your neck. Who can resist a wonderful husband?

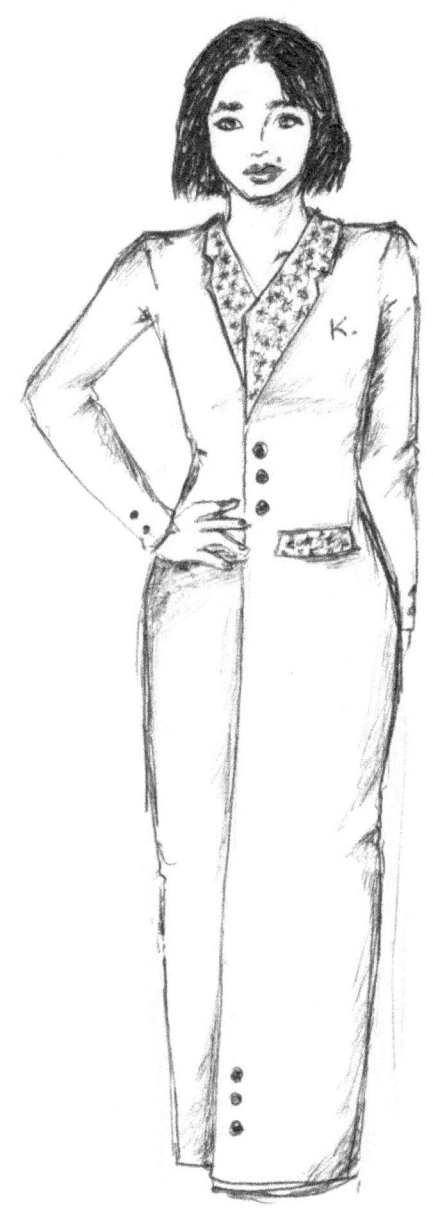

Je déclare mari et femme le raffinement et le confort : « raffinement » et « confort » sont les mots qui vous viendront à l'esprit lorsque vous revêtirez cette robe tailleur, qui deviendra votre seconde peau.

Elegance and comfort will be declared husband and wife when you will put up this ravishing dress-suit, which will undoubtedly be your second skin.

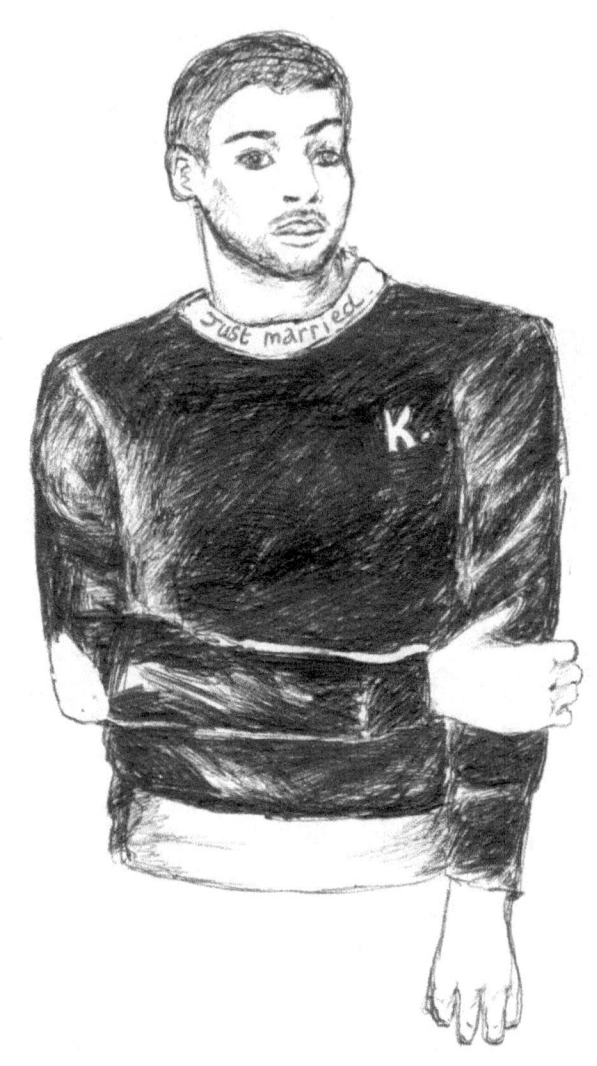

Si avec cet écriteau on continue à vous faire des avances, c'est que je ne m'appelle pas K.
Mesdames, après avoir passé la corde au cou de monsieur, je vous propose de l'inciter à revêtir un pull qui lui passera le col au cou, un col qui en fera votre propriété, hum ... pardon, votre époux.

If with this writing some keep woo you (married man), it means that I don't call myself K.
Ladies, after passing the rope around his neck, I invite your man to wear this sweater that will pass a collar around his neck, a collar that will make him your property, er ... I beg your pardon: your husband.

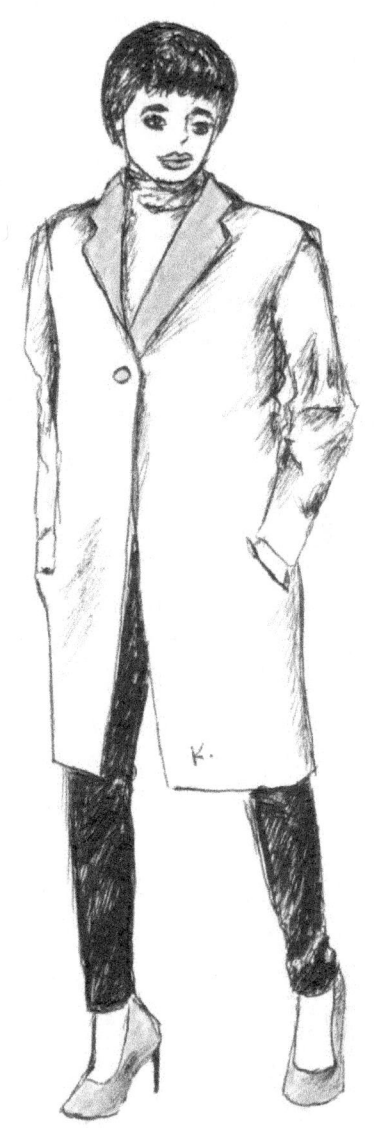

Ce manteau est taillé pour les femmes audacieuses et distinguées. Cette pointe de rose apportera une touche d'onctuosité à vos hivers !

This coat is shaped for distinguished and bold women. The pink touch will bring smoothness to your rough winters!

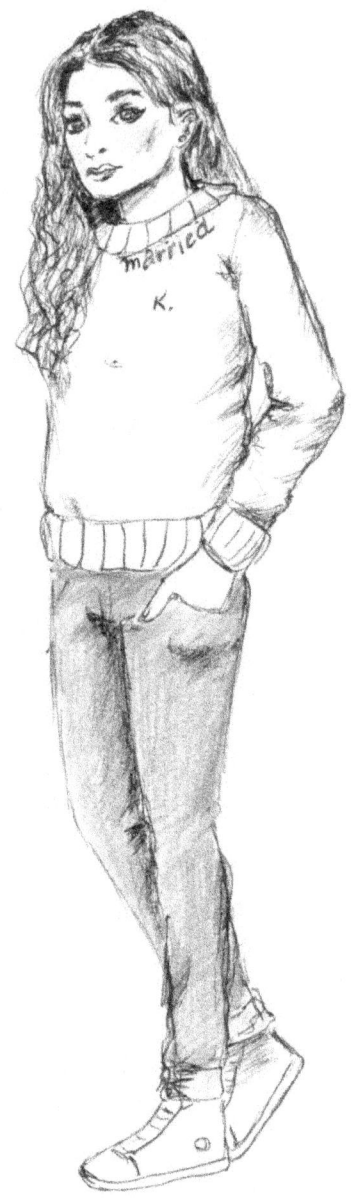

Ce pull tout en simplicité, mais non moins sophistiqué, vous habillera de son blanc virginal.
Vous direz « je le veux » aussi sobrement qu'intensément.

That sweater is sober, but no less sophisticated. Its virginal white will dress you up with positive energy. You will say 'yes' soberly and intently.

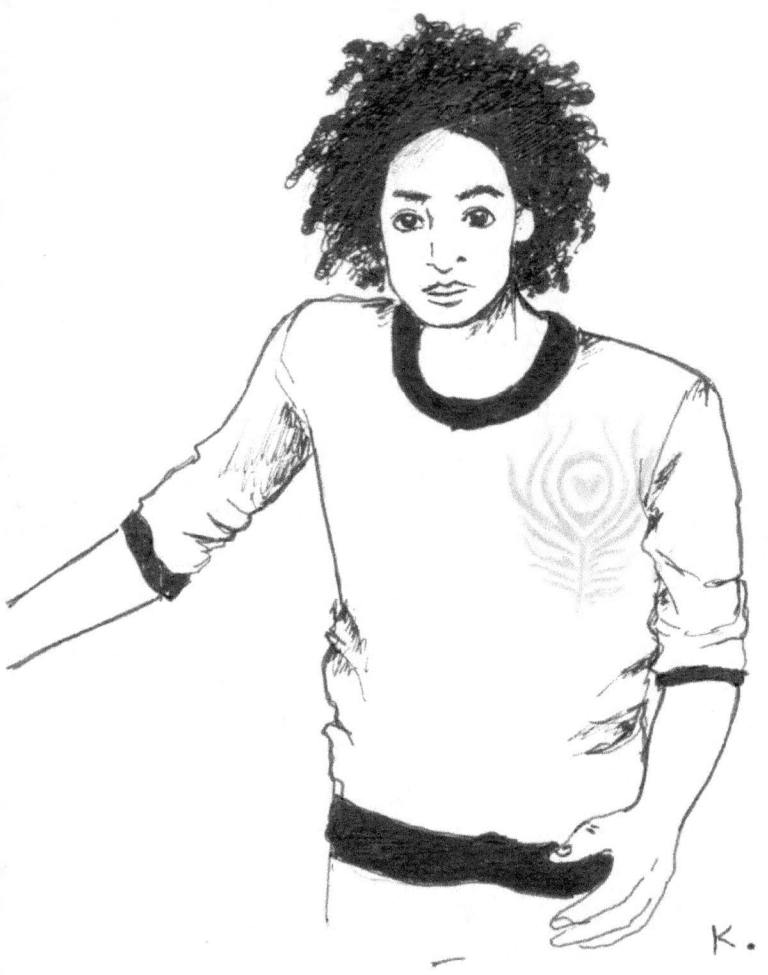

Blanc oui, mais bleu encore mieux.
Mes chers messieurs grâce à ce pull, vous apporterez de la couleur à votre tenue.

White is beautiful, but blue is much better.
My dear husbands, choosing this sweater will bring some color to your outfit.

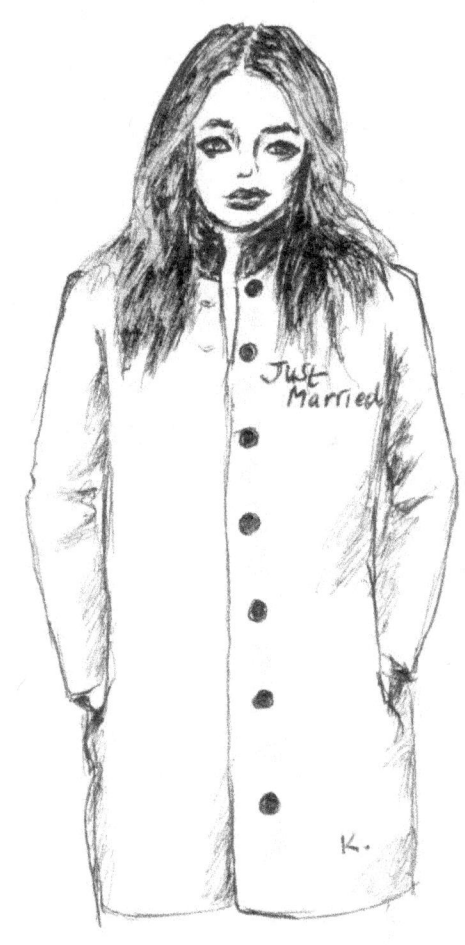

La couleur perle de ce manteau témoignera par elle seule de votre heureux engagement.
L'inscription « Just Married », ne fera que convaincre les plus sceptiques.

The pearl hue of this coat will be a testimony of your merry commitment.
The writing 'Just Married', will just convince the more sceptics.

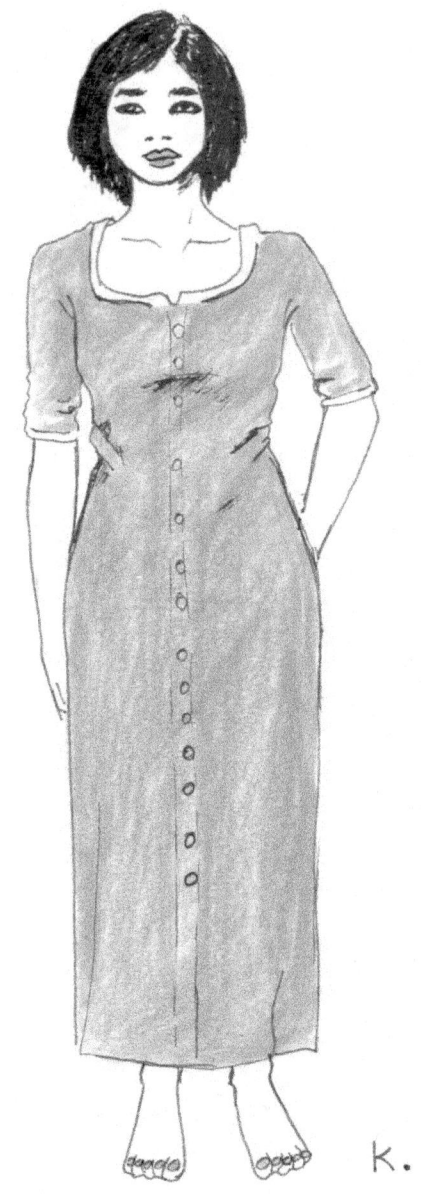

En voilà une jeune mariée intrigante !
Si cette robe souligne vos plus beaux atouts, elle n'en reste pas moins très agréable à porter et vous siéra comme une seconde peau.

What a mysterious newlywed bride you make!
If this gown outlines your best assets, it is nonetheless very comfortable and will fit you as a second skin.

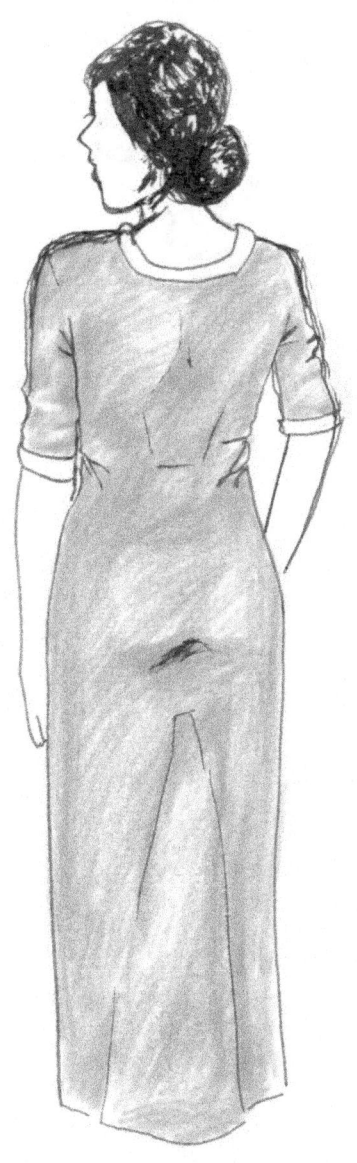

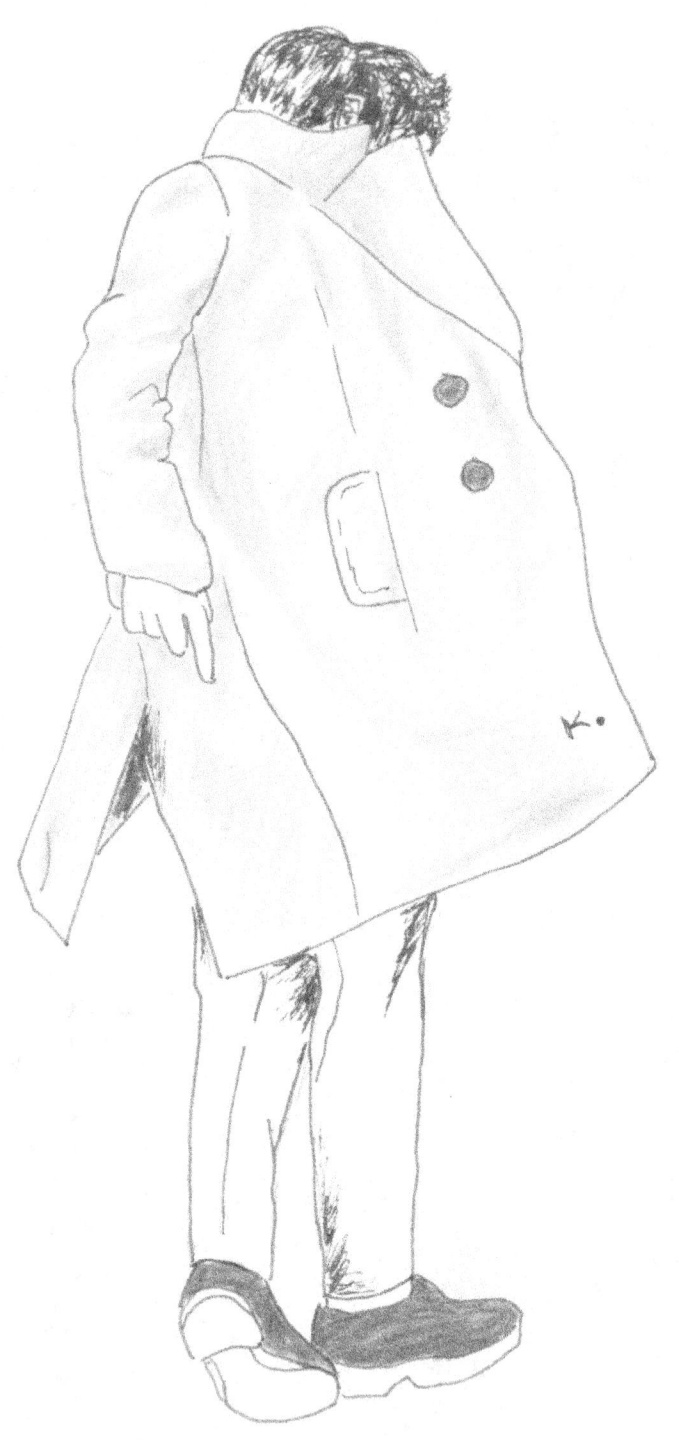

Très grandement inspiré d'une pièce de *Berluti*, je l'ai rêvé gris pour vous ;
Un gris hivernal, un gris sophistiqué, un gris d'amour ....

This coat is largely inspired from Berluti's, however, I dreamt it grey for you;
A winter grey, a sophisticated grey, a loving grey.

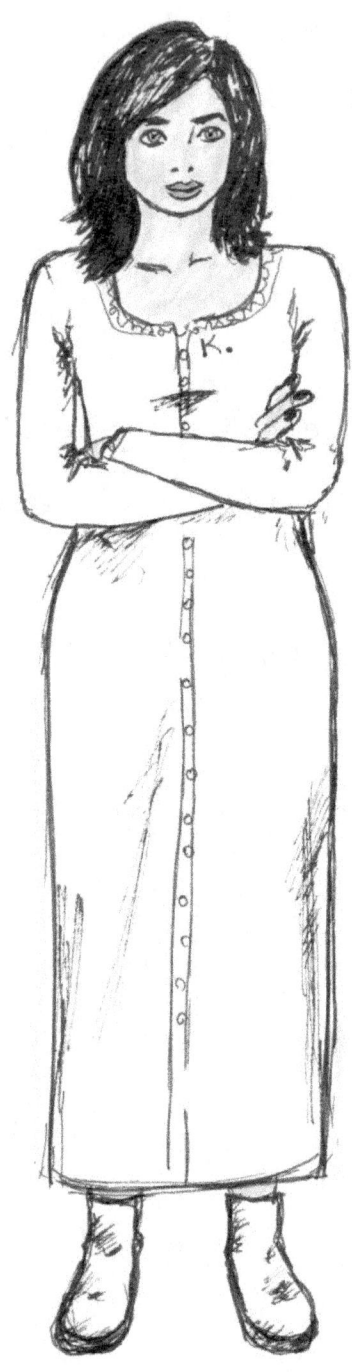

Et si on rallongeait les jupes et remontait un peu les décolleté mesdames ?
Il n'y a rien de plus séduisant qu'une femme qui sait ménager ses effets et suggère au lieu de tout montrer.
Cette toile blanche dessinera vos hanches et vos courbes félines tout en distinction.

And what if we lengthen our skirts and cover up our chest misses?
There is nothing more attractive than a woman who knows how to tease skillfully and rather suggest than show it all.
This white canvas will fit to your sleek curves not without distinction.

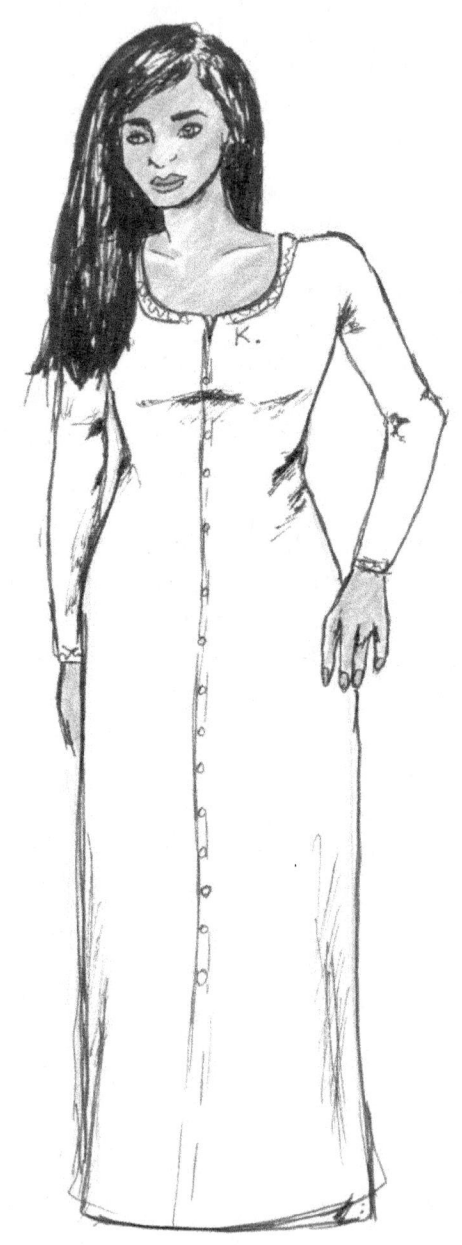

Voici une version plus longue de la robe blanche d'extérieur pour trainer comme une princesse chez soi.

This is a longer version of the outdoor white gown to hang around the house like a princess.

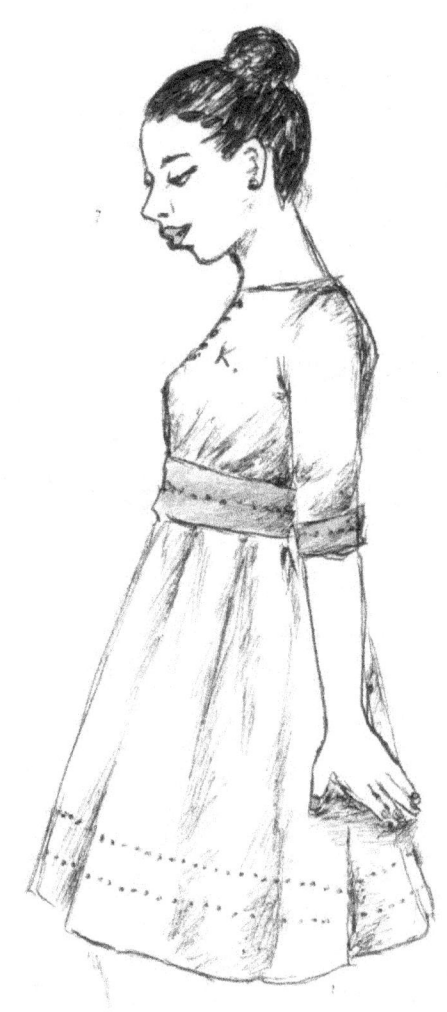

Une mariée toute légère et mutine.
Virevoltez, dansez, fredonnez, cette robe est faite pour ça.

What a light and lively bride!
Turn around, dance and hum; this dress is made for it.

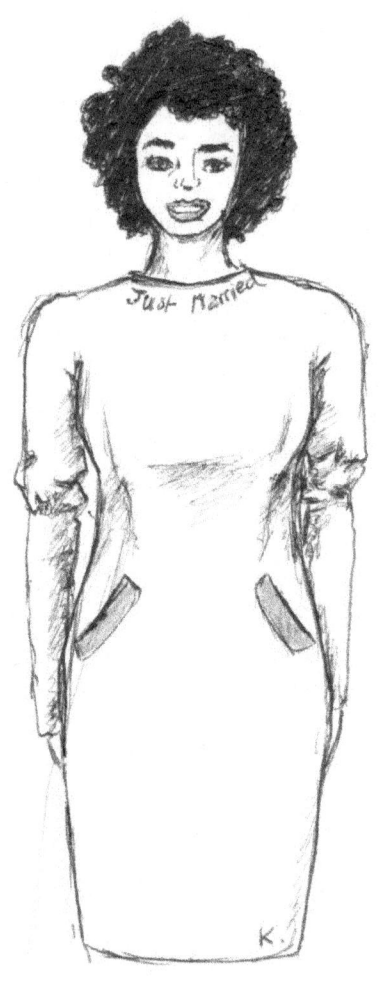

Bien, bien, bien...
Voilà une robe qui ne vous fera pas passer inaperçue !
Madame est élégante et raffinée mais reste une mariée non moins intrigante : le bleu électrique de vos poches en témoignera.

Well, well, well ...
What a breathtaking dress!
Miss is stylish and refined but no less astonishing: the electric blue of your pockets will be the first clue.

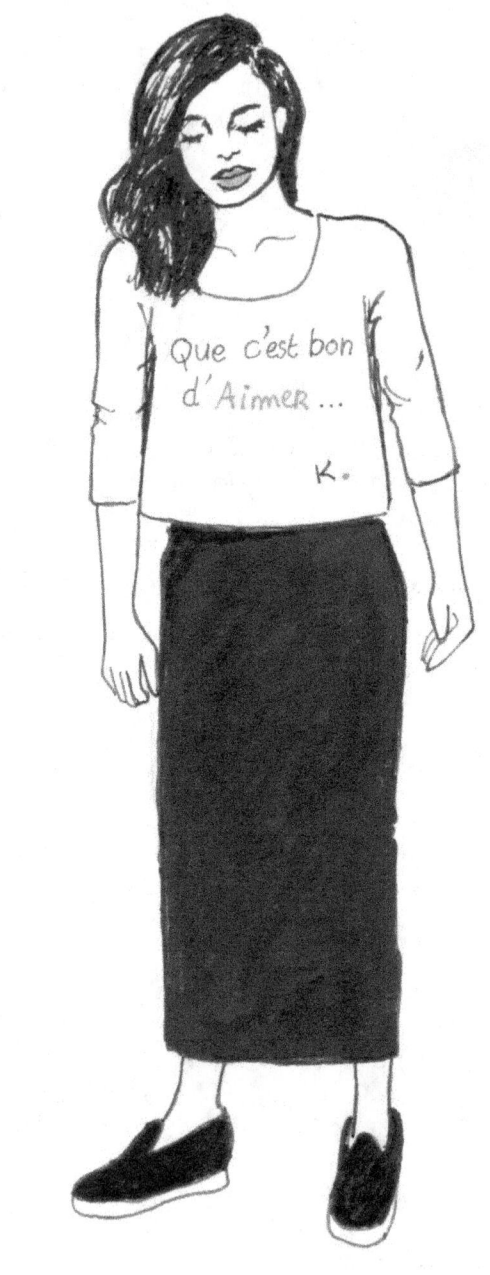

Ecrivez votre amour sur la feuille qu'est votre haut blanc et laissez notre longue jupe noire épouser le reste de votre silhouette de jeune mariée.

Write on your top how in love you are and let our lengthy black skirt wrap tenderly the rest of your figure.

Rejoignez-nous sur notre site pour plus d'histoires et accessoires:

www.bibliothequeengagee.com